AF227340

IK 9 579

IK 9 579

DE LA

REPRÉSENTATION

DES

COLONIES

PAR UN ANCIEN GOUVERNEUR.

BIBLIOTHÈQUE IMPÉRIALE · IMPR.

PARIS

E. DENTU, LIBRAIRE-ÉDITEUR,

GALERIE D'ORLÉANS, 13 ET 17, PALAIS-ROYAL.

—

1862

DE LA

REPRESENTATION

DES COLONIES.

Pendant longues années, les questions coloniales se sont résumées ou absorbées dans l'abolition de l'esclavage, « l'événement le plus grave qui se soit accompli dans nos » colonies depuis un demi-siècle, » disait le rapporteur de la Commission du Sénat à l'occasion du sénatus-consulte organique du 3 mai 1854.

C'est le 1789 colonial. On ne saurait mieux caractériser d'un seul mot cette transformation si nécessaire, si légitime et si pure, qui commença par briser les fers de 250,000 esclaves, sans dommages publics ni privés, et qui va progressant vers les horizons ouverts désormais sous le rayonnement de la mère-patrie,—exemple unique, dit un historien, — « exemple unique, dans l'histoire de la civilisation, » d'une transformation politique et sociale aussi profonde, » aussi instantanée, aussi pure de sang humain! (1). »

On retracera peut-être dans une autre publication (2) les luttes, le triomphe et les heureux résultats de l'émancipation à un point de vue rétrospectif. Il peut être bon de garder et de fixer le souvenir d'une des meilleures choses de

---

(1) *Histoire de la Révolution de Février* 1848, par Sarrans, t. 2, p. 426.

(2) Sous ce titre : *Causes noires et abolition de l'esclavage accomplie aux colonies françaises.*

notre temps, d'une œuvre de 1848, vivace et féconde, à laquelle s'est hautement associé le gouvernement impérial.

Mais ce grand acte de réparation et de justice nationale une fois accompli, les abolitionistes, les amis des colonies, le gouvernement sans doute avant tous, se préoccupent d'organisation nouvelle et d'avenir.

C'est à bon droit.—Régénération sociale, fusion des castes et des intérêts, réformes dans l'organisation administrative, gouvernement et représentation des colonies, travail agricole et manufacturier, immigrations, liberté du commerce, institutions de crédit, assurances, crédit foncier,—tel est le programme en aperçu seulement : *hoc opus, hic labor est.*

Et cela au seuil d'une ère nouvelle de grandeurs et de prospérités coloniales.

En effet, pendant que l'esclavage était aboli à jamais, un considérable changement d'allures se faisait dans la politique de notre pays. En apportant la liberté aux Antilles, l'auteur de ces pages disait dans sa proclamation : « La République » sera plus coloniale que les gouvernements déchus, parce » qu'elle ne transigera pas comme eux sur notre part légi- » time de l'empire des mers (1). » La royauté de 1830, on ne saurait l'oublier, fut sympathique à l'affranchissement voulu en principe et préparé par ses hommes d'Etat, trop hésitants seulement à l'accomplir. Mais l'expansion française n'était guère dans son tempérament. Bien autrement dégagés, les gouvernements venus ensuite ont mieux compris cette vérité, historique d'ailleurs, que, pour avoir dans le monde tout l'ascendant de sa puissance, une grande nation doit posséder des colonies nombreuses et florissantes.

La République ne vécut pas assez pour faire ses preuves à cet égard, ou du moins pour les faire complétement, car c'est elle qui a voté l'indemnité de 126 millions, amende du crime que nous avions tous commis en tolérant si longtemps l'esclavage, comme a dit lord Stanley, généreux sacrifice qui pouvait être décliné en principe, mais qui ne fut pas

(1) Proclamation du commissaire général, *Gazette officielle de la Guadeloupe* du 10 juin 1848 et *Bulletin officiel de la colonie.*

marchandé à l'honneur de l'émancipation et à l'agriculture des colonies (1).

Aujourd'hui, le gouvernement impérial, après s'être associé, nous l'avons [dit, à l'œuvre abolitionniste par sa solennelle déclaration que « l'esclavage ne peut jamais être » rétabli dans les colonies françaises (2) », affirme hautement l'essor de nos colonisations anciennes et nouvelles.

L'Algérie est définitivement annexée, bientôt assimilée.

Il a été pris possession, depuis plusieurs années déjà, de la Nouvelle-Calédonie et des archipels qui entourent cette grande terre (3).

En dernier lieu, « les provinces de la basse Cochinchine » ont été déclarées appartenir désormais à la France, *qui* » *traitera les habitants de ces provinces comme ses pro-* » *pres enfants* (4). »

A Madagascar, nos droits anciens ne sont pas prescrits. Une nouvelle royauté indigène semble faire à la civilisation européenne des avances qui ne doivent pas être perdues pour l'extension et la fortune de nos établissements circonvoisins.

Notre France reprend son rôle providentiel. Elle essaime son génie dans le monde; elle aura bientôt sans doute recou-

(1) Loi du 30 avril 1849.—Assemblée nationale.

(2) Sénatus-consulte organique des colonies, 3 mai 1854, art. 1er. — On lit dans le rapport : « La liberté des noirs, généreusement » payée par le Trésor national, fait partie désormais du patrimoine » de la France. Le gouvernement de l'Empire ne peut avoir et n'a » qu'un sentiment, c'est de conserver religieusement aux popula- » tions noires ce précieux héritage... »

(3) 650 lieues carrées.—Occupation des points principaux en 1853 et 1854.

(4) Proclamation de l'amiral Charner.— Le drapeau de la France a été solennellement arboré à Saïgon, et l'acte officiel de prise de possession signé par les chefs français et indigènes. Cette nouvelle colonie se développe sur environ 1,200 lieues carrées, et promet par la fertilité de ses territoires, par ses nombreuses populations, par sa situation géographique, non loin de Singapoore, de Java, de Manille et de Hong-Kong, de créer à notre commerce les plus avantageuses relations dans l'extrême Orient. (Le *Moniteur de l'Armée* et la *Presse*, 4 novembre 1861. Nouvelles de Saïgon.)

vré ses empires d'outre-mer perdus aux mauvais jours de notre histoire.

C'est dans ces circonstances que les questions coloniales se ravivent.

Celle de la représentation des colonies prend le pas sur toutes autres.

On a, dans tous les temps, trop facilement admis, contre nos possessions d'outre-mer et leurs habitants, des exceptions au droit public. Les colonies ne sont-elles pas des territoires français? Leurs populations, si françaises par les origines, par les sympathies, par les intérêts, ne font-elles pas partie du peuple souverain? Purgées de l'esclavage et délivrées du vieux *pacte colonial*, c'est-à-dire mises en possession de la liberté commerciale, ne vivent-elles pas désormais de la vie nationale? L'interposition des océans n'est-elle pas en quelque sorte annulée par la rapidité des steamers et bientôt par la télégraphie sous-marine?

Cependant, le sénatus-consulte organique du 3 mai 1854 fait aux colonies un régime politique et administratif fort peu en harmonie avec leur situation actuelle, et trop visiblement empreint des idées préconçues qui ont cours depuis soixante ans.

Toujours la défiance impliquant restriction excessive des droits de l'homme et du citoyen ; toujours, au fond des choses, les vieilles distinctions de castes considérées comme un obstacle au fonctionnement de l'élection, malgré l'égalité conquise en principe avec la liberté ; toujours la pensée que les colonies sont suffisamment représentées par le gouvernement lui-même, et qu'à peine il faut accorder à leurs populations perpétuellement mineures voix consultative dans le réglement de leurs intérêts !

Non-seulement les colonies ont vu s'évanouir le régime issu de la révolution de février, et qui devait subsister comme conséquence de l'abolition de l'esclavage hautement reconnue par le gouvernement impérial ; non-seulement le suffrage universel n'y a plus d'application comme dans la métropole, pour la composition des conseils municipaux ou des conseils coloniaux, pour l'élection des députés aux assemblées législatives ; mais le sénatus-consulte leur a imposé une organisation certainement plus exceptionnelle, certainement moins *représentative* que celles dont elles avaient été dotées, sous le gouvernement de 1830, par la loi du 24 avril 1833, appelée en ce temps la « Charte des colonies. »

Alors, en effet, il y avait des conseils électifs. Le *conseil colonial* votait le budget ; il était ou pouvait être l'organe des vœux et des besoins du pays représenté par les censitaires.

Il y avait des *délégués*, deux pour chaque colonie, nommés par les conseils coloniaux, tenant par conséquent eux-mêmes leur mandat du corps électoral, et formant une représentation *telle quelle* des colonies dans la métropole.

Aujourd'hui, les conseils municipaux sont purement des commissions nommées par les gouverneurs. S'il y a des conseils généraux, c'est seulement dans les grandes colonies, à la Martinique, à la Guadeloupe, à la Réunion, et les membres en sont nommés, moitié par les gouverneurs, moitié par les conseils municipaux, c'est-à-dire toujours par les gouverneurs (1). S'il est encore des délégués, les trois mêmes colonies en ont seules un chacune, et le conseil se complète de quatre membres que désigne le gouvernement, ayant la majorité numérique *sans avoir le mandat colonial*.

L'abolition de l'esclavage, amenant à sa suite la constitution des familles affranchies et la division de la propriété, a créé des intérêts nouveaux qui s'identifient sans doute à l'intérêt géneral, mais qui sont trop près encore de leur origine et en contact avec trop de survivances de l'ancien état social pour se croire véritablement ou suffisamment représentés, soit dans les colonies, soit auprès de la métropole. Et en effet, par la force des choses, le conseil général dans chaque colonie et le délégué unique, à Paris, représentent les *planteurs*, comme on disait autrefois, beaucoup plus que les anciens ou nouveaux affranchis formant aujourd'hui l'immense majorité du peuple colonial unifié dans la liberté En un mot, l'émancipation est le grand principe qui domine tout aujourd'hui ; c'est un principe de

____

(1) Art. 12 du sénatus-consulte.

salut, de moralisation, de progrès; et l'on ne voit pas qu'il soit entré bannière déployée, comme cela devait être, soit dans les conseils locaux, soit dans le comité consultatif des délégués, et avant tout dans les conseils législatifs de la métropole.

Soumises par le sénatus-consulte organique du 3 mai 1854 à ce régime trop *particulier*, les colonies ont à regretter aujourd'hui les institutions dont elles ont joui précédemment, sans qu'on en ait aperçu les inconvénients.

La représentation réelle et sérieuse, dans les colonies et dans les assemblées ou les conseils de la mère-patrie, était et est encore le système le mieux approprié à nos départements d'outre-mer ; de même que l'administration qui leur convient le mieux est la plus *similaire* avec l'administration métropolitaine. C'est ce système qui a toujours le mieux servi les intérêts coloniaux. L'indemnité, notamment, fut obtenue de l'Assemblée nationale, où siégeaient les députés de la Martinique, de la Guadeloupe, de la Guyane et de la Réunion.

Vainement l'idée des *législatures locales*, empruntée à l'Angleterre, a été produite par des hommes qui se gardaient bien de suivre le grand peuple anglais dans la voie de l'émancipation pendant la lutte (1). Ce régime n'est appliqué, par nos voisins, qu'à leurs principales colonies; celles qui renferment les éléments d'une semblable organisation. Il ne s'étend pas aux *colonies de la couronne*, parce que leur moindre importance ne leur fait pas une vie propre. Telles sont, à l'exception, si l'on veut, de l'Algérie qui se trouve dans des conditions particulières, telles sont nos colonies françaises, unies d'ailleurs à leur métropole par une intime consanguinité et qui n'aspirent pas à l'autonomie.

Le sénatus-consulte de 1854 est-il le dernier mot de l'organisation des colonies, notamment en ce qui touche leur représentation ? On ne l'oserait soutenir.

(1) Notamment dans la discussion de l'adresse au Corps législatif, session de 1861.

Comme loi organique, il fait partie des constitutions de l'Empire, et ces constitutions se déclarent elles-mêmes essentiellement perfectibles. « Elles n'ont pas enfermé dans un cercle infranchissable les destinées d'un grand peuple ; elles ont laissé aux changements une voie assez large pour qu'il y ait dans les grandes crises d'autres moyens de salut que l'expédient désastreux des révolutions..... Le Sénat peut, de concert avec le gouvernement, modifier tout ce qui n'est pas fondamental dans la constitution. » (1)

Récemment, à l'occasion des modifications introduites par le décret du 24 novembre 1860, M. le premier président Troplong s'exprimait ainsi : « Un des mérites de la consti- » tution de 1852, c'est qu'elle a mieux aimé être perfectible » qu'invariable et immobile. Le progrès est dans son » esprit ; il est facilement praticable par son mécanisme. » Elle a pris pour devise ces mots de l'empereur Napoléon » Ier : « *Une constitution est l'œuvre du temps.* » Le temps » amène, en effet, des changements profonds dans les » intérêts et les opinions ; une constitution sage, loin de les » méconnaître, doit s'y adapter. C'est par là que Rome » antique résista, dans ses beaux siècles, aux séditions » intérieures et aux inimitiés du dehors ; c'est par là que » l'Angleterre a, depuis deux siècles et pour longtemps » encore, fermé l'abîme des révolutions. » (2)

Les destinées des colonies ne sont donc pas rivées au vieux système colonial, ou aux constitutions qui se sont bornées à le rajeunir. Pour les colonies comme pour la métropole, le temps et l'esprit public ont marché. Le moment est venu de leur restituer le suffrage universel, base fondamentale du nouveau droit public, et leur représenta- tion, soit locale, soit extérieure, dans les corps dépositaires du pouvoir législatif.

Cette représentation fut admise en principe par la com- mission de 1840, que présidait M. le duc de Broglie. Un

----

(1) Préambule de la constitution du 14 janvier 1852.

(2) Rapport sur le sénatus-consulte du 2 février 1861, modifiant l'article 42 de la Constitution.

projet de loi imprimé, avec les procès-verbaux de cette commission, établissait des *conseils coloniaux électifs* pour les grandes colonies, et portait, article 3 : « Lesdites colonies nommeront des *députés*, dans les proportions suivantes : la Martinique, deux députés ; la Guadeloupe, deux députés ; l'île Bourbon, deux députés ; la Guyane, un député. » On était cependant alors en plein esclavage, et le projet de loi dut déclarer, pour l'honneur des principes, « que la capitation des personnes non libres ne compterait pas dans le cens. » (1)

Aujourd'hui, l'indignité du possesseur d'esclaves n'existe plus. Délivrés de leur situation exceptionnelle, les habitants des colonies sont rentrés dans la loi commune. Ils sont de droit électeurs et éligibles comme tout Français. Ils ont, comme tout Français, le droit d'être representés par des mandataires de leur choix. *L'intérêt* des départements d'outre-mer à cette représentation, mesuré sur leur importance, n'est pas plus contestable, assurément, que le principe lui-même.

La Martinique, en effet, compte 136,460 habitants ; la Guadeloupe 131,557 ; l'île de la Réunion 153,328 (2). On peut voir, en se reportant aux statistiques publiées en 1837 par le ministre de la marine, que ces chiffres dépassent notablement ceux d'alors. L'abolition de l'esclavage a déjà eu et continuera d'avoir pour effet certain d'élever progressivement ces populations, non-seulement en nombre, mais en aptitude à l'exercice des droits politiques.

La Guyane et le Sénégal, dans d'autres conditions, promettent satisfaction à de grands intérêts nationaux. L'une entreprend la colonisation de ses vastes territoires par les pénitenciers, l'exploitation de ses mines d'or et de forêts précieuses pour nos constructions navales. L'autre, pleine d'avenir, poursuit un rapide développement de notre domination et de notre commerce dans l'Afrique occidentale.

______

(1) Procès-verbaux imprimés de la commission de 1840, page 421.

(2) *Statistique de la France*, par Maurice Block. Paris, 1860.

S'agit-il des établissements de l'Inde, débris de notre ancienne prépondérance dans cette partie du globe? Une population de 167,736 âmes, selon les statistiques de 1837, s'y élève aujourd'hui à 225,580 individus (1). Elle est écrasée par l'impôt foncier; elle souffre des mauvaises conditions de son agriculture; elle a des réformes administratives à réclamer; et pourtant, elle est sans organes officiels auprès de la mère-patrie (2).

S'agit-il enfin de l'Algérie, qui est à nos portes? Elle aura bientôt, il faut du moins l'espérer, 500,000 colons européens ou indigènes francisés.

Comment tous ces peuples, tous ces pays français devraient-ils rester en dehors de la représentation nationale? Est-ce parce que le besoin de faire entendre leurs vœux ou leurs doléances, de réclamer contre des abus lointains le plus souvent ignorés du gouvernement métropolitain, d'intéresser la mère-patrie à leur sort, s'accroît pour eux en raison des distances !... Est-ce enfin parce qu'ils sont les plus intéressés à la représentation qu'ils doivent en être privés !

Il s'agit très-évidemment du plus légitime et du plus nécessaire des progrès dans l'organisation des départements d'outre-mer. Ce n'est ni une utopie, ni une nouveauté, puisque, il y a vingt ans déjà, lorsque l'esclavage principalement faisait aux colonies un régime d'exception qui n'a plus sa raison d'être, la commission de Broglie donnait à la Martinique, à la Guadeloupe, à l'île Bourbon, à la Guyane, sept députés! Ce n'est pas trop prétendre sans doute que d'aspirer aujourd'hui, sous l'empire des principes de 1789, en ce temps de souveraineté nationale et de suffrage universel, à un progrès que n'ajournait pas le gouvernement des conservateurs, en 1840 !

S'il faut aux colonies, comme il est reconnu par leur or-

(1) *Statistique de la France*, par Maurice Block. Paris, 1860.

(2) L'auteur a présenté dans ces derniers temps, sous forme de pétition au Sénat, les réclamations des Indous, et elles ont été l'objet d'un renvoi à son excellence M. le ministre de la marine et des colonies dans la séance du 25 juillet 1860.

ganisation antérieure et par le régime actuel lui-même, s'il leur faut des conseils municipaux, des conseils généraux, des délégués auprès de la métropole, pourquoi des simulacres? Pourquoi pas des représentants investis du mandat direct des intéressés? Pourquoi pas des députés élus par le peuple? Le suffrage universel..., c'est la grosse question, c'est le cauchemar, aux colonies. Mais était-il moins redouté en France lorsque la République en fit l'essai, lorsque l'Empire en a fait sa large base? Ne l'a-t-on pas vu à l'œuvre dans les colonies? Les élections pour l'Assemblée constituante et la législative, pacifiquement accomplies, n'ont-elles pas donné des représentants à tous les intérêts anciens et nouveaux, par intelligence et modération admirables de populations esclaves encore la veille, qui surent honorer la victoire de l'émancipation par le maintien de l'ordre et du travail (1).

Et quels fruits amers ne produit pas le système actuel érigeant le gouverneur dans chaque colonie en grand électeur, délégataire de la souveraineté du peuple, chargé de pourvoir pour les citoyens à la composition de leurs conseils municipaux et du conseil général! On l'a vu par le conflit qui s'est élevé récemment à la Martinique entre le conseil général et le gouverneur obligé de recourir à deux dissolutions successives. C'est le remède dans un système représentatif sérieux où la dissolution fait appel au pays. Mais que signifie cette mesure lorsque la désignation des

(1) « En prenant le gouvernement de la Guadeloupe au moment » de l'émancipation, M. ... a eu des moments difficiles. Il a maintenu le *calme dans la colonie* et l'a quittée en *voie de progrès.* »— (Lettre d'un ancien ministre de la marine et des colonies, en ce temps.)

« Vous laissez notre pays *dans le calme le plus parfait* et le *travail* » *rétabli partout...* une administration comme la voulaient les ré- » trogrades aurait bouleversé la colonie, sans résultats pour per- » sonne, encore moins pour eux. » — (Appréciation d'un fonctionnaire public.)

Ces témoignages et tous ceux qui pourraient s'y ajouter ne sont pas rappelés ici par vaine satisfaction d'amour-propre, mais pour qu'une fois de plus justice soit faite des préventions et des ignorances courantes à l'endroit des noirs et de l'émancipation.

prétendus représentants a été faite par le gouvernement lui-
même? Que ne choisissait-il tout d'abord les meilleurs, ou
du moins ceux qui auraient compris comme lui le bien public?
Il pourra faire l'*essai* d'autres appelés,—on ne saurait
dire d'autres élus,—et recommencer autant de fois qu'il aura
eu la main malheureuse, en tournant dans le cercle vicieux
des demeurants du passé qui s'imposent à son choix. Mais
aura-t-il retrouvé sa force dans le vœu des populations con-
sultées? Non; le pays n'aura pas parlé; le pays sera resté
en dehors de ce jeu de l'organisme particulier aux colonies.
Bien plus, on pourra croire, — c'est l'apparence,— qu'il y
a désaccord entre le gouvernement et les populations que
l'on suppose représentées par ses antagonistes. Et pourtant
au fond de ce malentendu, il n'y aura que l'opposition in-
quiète des rétrogrades accusant le gouvernement de ten-
dances progressives, et il se pourra que le pays soit avec
son chef à qui la constitution coloniale ne permet pas de le
consulter ! il se pourra... ce n'est pas assez dire, car assurément dans les colonies, il n'y aurait pas de refus de con-
cours pour un gouvernement qui s'est déclaré l'ami de l'a-
bolition, si les populations élisaient leurs représentants, si
elles avaient voix dans leurs affaires.

En somme, les principes, les intérêts, les faits, tout plaide
ici pour les colonies. Il est donc permis d'espérer que la
discussion ne restera pas stérile.

Elle est résumée dans les meilleurs termes par les observa-
tions qu'un journal a publiées (1) et qu'il nous sera permis de reproduire ici dans l'intérêt d'une bonne cause.

« De même que nous voudrions un gouverneur de l'ordre
civil, nous désirerions que l'Algérie et les autres colonies de
la France ne fussent plus placées en dehors du droit com-
mun, et qu'elles eussent le droit d'envoyer des députés au
Corps législatif.

(1) Sous la signature de M. Charolais, lors de la discussion de
l'adresse, session de 1861. *La Presse,* 25 mars 1861.— Voir aussi un
article de *l'Opinion nationale,* 18 mars 1861, signé : E. Guérin, de la
Guadeloupe, article qui a été remarqué, et qui devait l'être, comme
étant dans le juste et dans le vrai.

» Les motifs sur lesquels on se fonde pour repousser cette partie de l'amendement sont plus spécieux que sérieux. Les trois provinces de l'Algérie ne comptent, dit-on, que 25,000 électeurs, et il en faut 35,000 pour nommer un député. La loi électorale le veut ainsi ; mais est-il donc impossible de .a modifier en ce qui concerne des départements trans-atlantiques en voie de transformation et dont la représentation est incomplète ?

» Pour l'Algérie, n'aurait-on pas à ajouter à l'élément électoral français les étrangers naturalisés, les chefs des tribus soumises, les Arabes possesseurs de titres réguliers de propriétés, etc. ? Pour les colonies maritimes, du moins pour les plus grandes, dont la population s'élève en moyenne à cent mille âmes, n'a-t-on pas compté l'appoint de la classe noire lorsque, de 1848 à 1852, elles envoyaient des représentants à la Chambre, et *peut-on raisonnablement déshériter cette classe des droits de citoyen* ?

» La représentation coloniale actuelle ne nous paraît pas suffisante ; l'institution des conseils généraux n'est et ne doit être que le commencement d'un système complet équivalent à celui de la métropole. Les délégués coloniaux, réunis en comité consultatif auprès du ministre de la marine, n'ont ni l'autorité que donne l'élection populaire, ni l'influence nécessaire à l'accomplissement de leur mandat ; car ils n'ont pas même le droit de donner un avis, à moins qu'il ne leur soit demandé.....

» Les vœux des conseils généraux n'ont point de tribune pour se produire, pour se faire accepter, ou du moins discuter.

» Si, au lieu de délégués, les colonies avaient des députés, la métropole saurait exactement à quoi s'en tenir sur les besoins créés par des situations imprévues et sur les moyens de les satisfaire.

» L'Algérie et les autres colonies de la France se transforment en ce moment, cela est incontestable. Voilà pourquoi il serait nécessaire que leur transformation se fît au grand jour, et qu'elles pussent faire entendre leur voix à la Chambre. C'est à ce point de vue surtout que nous regrettons le rejet de l'amendement si éloquemment soutenu par M. Jules Favre. »

Cette importante question n'a pas été enterrée. Elle est restée à l'ordre du jour, comme toutes celles dont l'opinion publique se préoccupe à juste titre, confiante d'ailleurs dans l'ascendant de la raison et de la justice, qui doivent aussi « remporter toujours la dernière victoire. »

Puissance navale et grand système colonial, c'est tout un. On le sait aux sommets des pouvoirs publics ; on le sait au département de la marine et des colonies. Les colonies ne sauraient donc rester plus longtemps reléguées dans quelque coin obscur des constitutions de l'Empire, comme elles le sont derrière les océans.

Place pour elles au soleil de la civilisation, de la liberté, du droit national, — c'est la conclusion.

—————

P. S. — Lorsque ces pages allaient paraître, arrivent les nouvelles de la Réunion. Il est annoncé « que le conseil » général de cette colonie a clos sa session en exprimant le » vœu, à la majorité de douze voix contre sept, que le » principe de l'élection soit, à l'avenir, appliqué dans le » choix des candidats au conseil général et aux conseils » municipaux. »

Dans une lettre fort remarquable, adressée à l'*Economiste français*, M. Thomas Lahuppe, rédacteur en chef du *Moniteur de la Réunion*, s'élève, comme nous, contre le régime politique des colons « déshérités de la plu-» part des droits inscrits dans la constitution française, » exclus en masse du maniement des affaires publiques, » qui sont presque partout expédiées à huis-clos et sans » contrôle, gouvernés par une autorité sans contrepoids. » Si la presse coloniale était libre dans une certaine mesure, dit encore M. Thomas Lahuppe, un pareil régime serait supporté peut-être, car, « tant qu'une société a la faculté

» de parler et de se plaindre, elle possède un énergique
» réactif contre les erreurs d'un pouvoir livré à toutes les
» séductions de l'omnipotence. » Mais les colonies, on le sait,
n'en sont pas là.

« Nous nous joindrons à M. Thomas Lahuppe, dit la
Presse en publiant ces nouvelles, pour réclamer une
fois de plus l'assimilation des colonies à la métropole, en
ce qui concerne le régime politique. Leurs affaires ne se
feront bien que lorsqu'elles auront une représentation di-
recte au sein du parlement. » (1)

En prenant la plume, l'auteur du présent écrit n'a pas
seulement obéi à des convictions personnelles ; il connais-
sait aussi, on le voit, les besoins et les vœux des populations coloniales.

Un conseil général qui n'est pas issu de l'élection, comme
l'entend le droit national, proteste lui-même contre son
origine, contre l'organisme anormal des colonies ! Quoi de
plus décisif ?

------

(1) *La Presse*, 18 février 1862.

Impr. de E. Brière, rue Saint-Honoré, 257.

www.ingramcontent.com/pod-product-compliance
Lightning Source LLC
Chambersburg PA
CBHW061215050726
47594CB00008B/3664